Claudia Jelovcan

Artischockentechnik
für Advent und Weihnachten

CHRISTOPHORUS

BRUNNEN-REIHE

© 1997 Christophorus-Verlag GmbH
Freiburg im Breisgau

Alle Rechte vorbehalten –
Printed in Germany

ISBN 3-419-55919-4

Lektorat: Maria Möllenkamp, Freiburg
Styling und Fotos: Ramesh Amruth, Freiburg
Umschlaggestaltung: Network!, München
Produktion: Print Production, Umkirch
Druck: Freiburger Graphische Betriebe, 1997

CHRISTOPHORUS
Bücher mit Ideen

Inhalt

Die Autorin dankt der Firma Marianne Hobby, Kurt Nemetz GmbH in Judenburg/Österreich für die großzügige Bereitstellung aller im Buch verwendeten Materialien und Accessoires.

Advent und Weihnachten

Die Artischockentechnik übt eine ganz besondere Faszination aus und ist eine der beliebtesten und modernsten Basteltechniken. Besonders die Weihnachtszeit bietet viele Möglichkeiten für edle und bezaubernde Arrangements, denn mit Goldbändern und floristischen Materialien können ganz besonders eindrucksvolle Dekorationen geschaffen werden. Als besonderes Geschenk für einen lieben Bekannten findet zum Beispiel ein Gesteck mit einer kunstvollen Artischockenkugel immer großen Anklang.

Mit ein wenig Übung ist es eine Leichtigkeit, die hier gezeigten Modelle nachzuarbeiten oder sich Anregungen für eigene Kreationen zu holen. Der Fachhandel bietet eine riesengroße Auswahl an Materialien und Accessoires für die Artischockentechnik, so daß schon die Vorbereitung zu einem Vergnügen wird.

Ich wünsche Ihnen recht viel Freude und Erfolg mit dieser schönen Technik!

Ihre

Claudia Jelovcan

Material

Grundtechnik

- **Lineal**
- **Schere**
- **kurze Stecknadeln, 13 bis 18 mm lang**
- **Heißklebepistole, z.B. UHU pistole LT 110**
- **Klebstoff, z.B. UHU Alleskleber extra**
- **Tapetenmesser**
- **Seitenschneider**
- **kleine Handwerkssäge**

Styroporformen
Als Grundkörper für die Artischockentechnik werden verschiedene Styroporformen verwendet, die im Hobbyfachhandel in großer Auswahl angeboten werden. In der Weihnachtszeit sind Kugeln und Glocken besonders beliebt.

Bänder
Die Bänder sollte man sorgfältig auswählen. Hier lohnt es sich sehr, auf eine gute Qualität zu achten. Besonders geeignet sind Bänder mit seitlich eingewebter Drahtkante oder gestärkte Stoffbänder, die farblich gut miteinander harmonieren.

Accessoires
Weihnachtliche Accessoires zum Dekorieren der Artischockenmodelle gibt es ebenfalls in großer Auswahl im Hobbyfachhandel: Tannenzweige, Tujazweige mit Schneeglimmer, Blüten mit Goldglimmer, Traubenpicks, Engel, Püppchen und vieles mehr.

Detaillierte Materialangaben finden Sie bei den Beschreibungen der einzelnen Modelle.

❶ Zunächst die Bänder in gleich lange Stückchen schneiden. Dabei ergibt sich die Länge der Abschnitte aus der Formel: Länge = doppelte Bandbreite. Bei einer Bandbreite von 4 cm sind die Abschnitte also 8 cm lang.

❷ Aus jedem Bandabschnitt eine Schuppe (Dreieck) falten (Abb. 1).

❸ Einen Bandabschnitt mit vier Nadeln glatt auf dem Styroporkörper feststecken (Abb. 2).

❹ Vier Schuppen nun so auf diesem Bandabschnitt anbringen, daß sich die Spitzen der Dreiecke im Mittelpunkt treffen. So bilden sie die erste Reihe (Abb. 3).

❺ Als zweite Reihe weitere vier Schuppen in einer anderen Farbe feststecken. Die Spitzen der Dreiecke liegen auf den Zwischenräumen der ersten Schuppenreihe (Abb. 4).

❻ Ab nun wird immer Reihe für Reihe mit wechselnder Bänderfarbe gearbeitet, bis die Styroporform vollständig bedeckt ist. Immer vier Dreiecke einer Farbe ergeben eine Reihe. Die Abstände zwischen den Reihen sollten immer 1 cm betragen und genau eingehalten werden, um ein gleichmäßiges Ergebnis zu erzielen.

Als Abschluß kann das offene Ende mit einem Bänderabschnitt verschlossen oder mit einer Schleife verziert werden.

Abwandlungen dieser Grundtechnik sind bei den jeweiligen Modellen beschrieben.

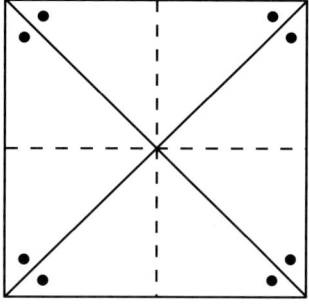

Abb. 3

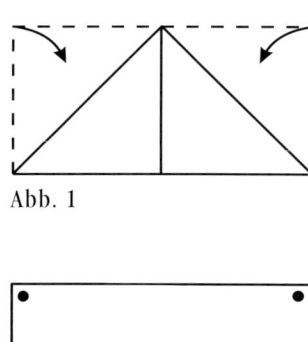

Abb. 1

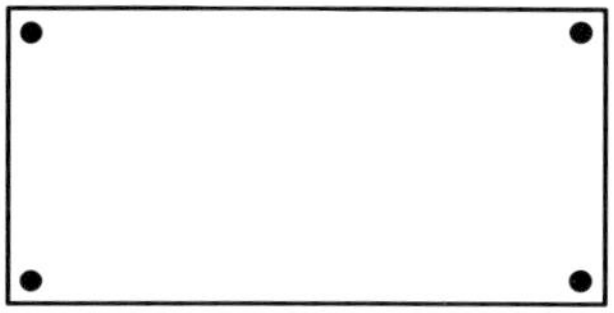

Abb. 2

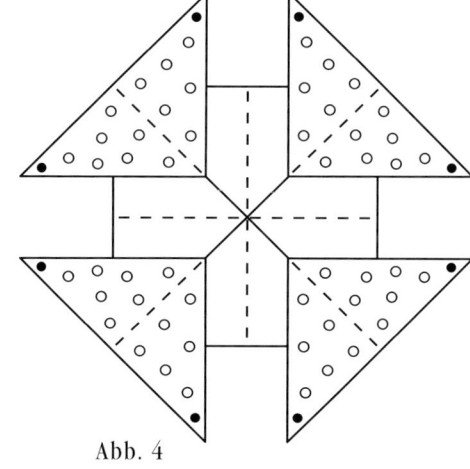

Abb. 4

Gesteck mit Püppchen

Material
- Styroporkugel,
  12 cm ∅
- 2,6 m Samtband
  in Bordeaux,
  4 cm breit
- 2,3 m Samtband
  in Grün,
  4 cm breit
- Stecknadeln
- Korkscheibe,
  30 cm ∅
- Trockensteck-
  würfel
- 2 Püppchen mit
  Eislaufschuhen,
  22 cm groß
- 2 Tujazweige mit
  Schneeglimmer
- 2 Weihnachts-
  sternpicks,
  in Bordeaux

❶ Die Styroporkugel wird in der klassischen Artischockentechnik gearbeitet. Mit Bordeaux beginnend, die Reihen wechselnd mit roten und grünen Schuppen bestecken. Die Anleitung für diese Grundtechnik finden Sie auf Seite 4/5.

❷ Auf der Korkscheibe den Trockensteckwürfel und die Artischockenkugel mit einigen Heißklebetropfen anbringen.

❸ Die Püppchen seitlich setzen und mit Heißkleber fixieren. Die schneebeglimmerten Tujazweige am Trockensteckwürfel feststecken, so daß die Zweige rund um das Gesteck gleichmäßig verteilt sind.

❹ Einige Weihnachtssternblüten mit Heißkleber fixieren.

Gesteck in Rosenholz

① Die Styroporkugel mit rosenholz-farbenem Band bestecken: Die Bandab-schnitte 9 cm lang zuschneiden, zuerst in der Mitte feststecken, dann zu einem Dreieck zusammenfalten und die linke und rechte Ecke mit Stecknadeln fixieren. Die Bandkanten, die auf der Mittellinie liegen, auf jeder Seite schräg nach außen falten und an den Ecken wiederum feststecken. Immer reihenweise arbeiten, bis die ganze Kugel mit Schuppen bedeckt ist. In die Faltkanten mit Messingstecknadeln Goldperlen stecken.

② Den Trockensteckwürfel auf den Weidenteller kleben. Rundum die Tannenzweige anordnen. Ein kleines Fleckchen freilassen und dort die Kerze festkleben.

③ Die Cannastäbe in verschieden lange Stücke schneiden. Diese mit Satinband und Kordel sowie mit etwas Gartenbast umwickeln und senkrecht feststecken.

④ Die Eustomia in kleinere Stücke teilen und neben den Cannastäben anordnen. Die Blätter im unteren Teil des Arrangements fixieren, ebenso den Beerenpick. Die Sternchengirlande locker um die Cannastäbe schlingen und am oberen Ende festkleben.

⑤ Die Artischockenkugel zuletzt zwischen Tannenzweigen und Blüten anbringen.

Material

- Styroporkugel, 7 cm ⌀
- 2,6 m Change-band in Rosen-holz, 4 cm breit
- 30 Goldperlen, 4 mm ⌀
- 30 Messingsteck-nadeln
- Stecknadeln
- Weidenteller, ca. 20 cm ⌀
- Trockensteck-würfel
- Zuckerhutkerze 20 cm lang
- 2 Tannenzweige
- 2 Cannastäbe in Natur, 40 cm lang
- 0,5 m Kordel in Rosenholz, 7 mm ⌀
- 0,5 m Satinband in Rosa, 3 mm breit
- Gartenbast
- 2 Eustomia in Rosenholz/Gold
- Beerenpick, gold
- 0,6 m Sternchen-girlande, gold

Tannenbäumchen

Material

- ◆ 4 Styropor-
  kugeln, 4 cm ⌀
- ◆ 3,8 m Band
  „Goldranke",
  2,5 cm breit
- ◆ 2,4 m Lurexband
  in Gold,
  2,5 cm breit
- ◆ 60 Goldperlen
  8 mm ⌀
- ◆ Stecknadeln
- ◆ Tischdeko-
  ständer,
  17 cm hoch
- ◆ Teller,
  40 cm ⌀
- ◆ 2 Trockensteck-
  würfel
- ◆ 2 Rebtannen-
  bäumchen,
  62 cm hoch
- ◆ 6 Tujazweige mit
  Schneeglimmer
- ◆ 2 Lichterketten
  mit je
  20 Lampen
- ◆ 1,2 m Sternen-
  girlande in Gold

❶ Die vier Styroporkugeln werden mit dem Band „Goldranke" und mit Lurexband gearbeitet. Zwei Kugeln steckt man in der klassischen schuppigen Technik (siehe Seite 4/5). Bei den zwei anderen werden die Spitzen festgesteckt.

❷ Beide Trockensteckwürfel auf dem Teller festkleben. Schräg versetzt die beiden Rebenbäumchen anbringen. Band- und Kordelabschnitte, 50 cm lang, an den Rebenbäumchen auf der Rückseite ankleben.

❸ Die Tujazweige in kleinere Stücke teilen und so um die Rebenbäumchen anordnen, daß man die Steckwürfel nicht mehr sehen kann.

❹ Die Lichterketten um die Bäumchen schlingen, ebenso die Sternchengirlande und die auf Messingdraht gedrahteten Goldperlen. Zuletzt werden nun die kleinen Artischockenkugeln mit einigen Heißklebetropfen auf den Bäumchen fixiert. Auf die obere Seite der Kugeln kleine, gebundene Schleifchen aus Goldrankenband kleben.

❺ Eine große, gebundene Schleife aus Titania-Band an einem Stück Steckdraht andrahten und an der Vorderseite des Gesteckes feststecken. Das fertige Gesteck auf einen Tischdekoständer stellen.

◆ 2,5 m Gla-
mourband
in Gold,
6 cm breit
◆ 2 m Band
„Titania",
4 cm breit
◆ 1 m Kordel
in Tanne,
5 mm ∅
◆ Messing-
draht,
0,3 mm ∅
◆ Steckdraht,
1 mm ∅

Material

- ◆ Styroporkugel, 12 cm ⌀
- ◆ 2,8 m Change- band in Rosen- holz, 4 cm breit
- ◆ 2,4 m Samtband in Bordeaux, 4 cm breit
- ◆ 25 Goldperlen, 6 mm ⌀
- ◆ Stecknadeln in Platin, Messing
- ◆ Rebenfenster, 35 cm x 45 cm
- ◆ Cannastab in Natur, 1 m lang
- ◆ 1/2 Eustomia in Rosenholz/Gold
- ◆ 2 Magnolien in Rosenholz/Gold
- ◆ 2 Wildrosen in Rosenholz/Gold
- ◆ Rose in Rosen- holz/Gold
- ◆ 3 Beerenzweige in Gold, 25 cm lang
- ◆ 0,7 m Glamour- band in Gold, 4 cm breit
- ◆ 1 m Kordel in Rosenholz, 5 mm ⌀

Rebenfenster

❶ Die Styroporkugel mit Change- und Samtband arbeiten. Die Bandabschnitte zuerst in der Mitte feststecken, danach falten und an den äußeren Ecken mit zwei Nadeln fixieren. Die Reihen farb- lich abwechselnd stecken, so daß optisch eine Sternform entsteht.

❷ Die Goldperlen an den Sternspitzen mit messingfarbenen Stecknadeln oder mit etwas Heißkleber fixieren.

❸ Durch den Rebenrahmen Bandab- schnitte schlingen, auf der Rückseite des Rahmens festkleben. Die geteilten Cannastäbe mit Band- und Kordel- abschnitten umwickeln und anbringen.

❹ Die Blätter, Blüten und Goldbeeren fixieren. In der linken, unteren Ecke Blüten mit Blättern anbringen.

❺ Die Artischockenkugel zwischen die Blüten kleben.

Festliches Gesteck

① Die Styroporkugel bestecken: In der Mitte mit vier Bandabschnitten, jeweils 14 cm lang, beginnen. Das Band zuerst in der Mitte feststecken, dann zu einem Dreieck falten und die linke und rechte Ecke mit Stecknadeln fixieren. Die Bandkanten, die auf der Mittellinie liegen, auf jeder Seite schräg nach außen gebogen, feststecken.

② Die folgenden Reihen ebenso stecken. Dabei jede Reihe auf acht Abschnitte erweitern, damit ein Stern entsteht. In den Reihen jeweils abwechselnd einmal die goldene Seite nach oben legen, danach die blaue.

③ Mit Messingstecknadeln Goldperlen anbringen. Dann die Kugel auf den Rebenstern kleben.

④ Rund um die Kugel Blätter, Blüten und Goldfedern anbringen. Die Stiele vorher kürzen. Ein goldenes Flechtband locker über die Blüten schlingen und die Enden festkleben.

Material
- Styroporkugel, 12 cm ∅
- 6,2 m Pasa-double-Band in Blau/Gold, 5 cm breit
- 0,7 m Goldgeflecht „Samoa", 8 cm breit
- 20 Goldperlen, 8 mm ∅
- 20 Messingstecknadeln
- Stecknadeln
- Rebenstern, flach, 30 cm
- 2 Goldfedern
- 2 Beerenpicks in Gold
- 2 Dekokugeln in Blau/Gold, 48 mm ∅ 35 mm ∅
- 2 Magnolien in Blau/Gold
- Eustomia in Blau/Gold
- Messingdraht, Stärke 0,3 mm

Rebenkranz

Material
- ◆ **Styropormedaillon, 10 cm ⌀**
- ◆ **1,5 m Glamourband in Gold, 4 cm breit**
- ◆ **1 m Glamourband in Gold, 6 cm breit**
- ◆ **1,8 m Pasadouble-Band in Bordeaux/Gold, 5 cm breit**
- ◆ **8 Goldperlen, 6 mm ⌀**
- ◆ **Stecknadeln**
- ◆ **Rebenkranz, 30 cm ⌀**
- ◆ **4 Elefant-Riedstäbe in Fuchsia, 50 cm lang**
- ◆ **Tujazweig in Gold**
- ◆ **2 Christrosenpicks in Bordeaux**

❶ Im ersten Arbeitsgang das Styropormedaillon mit 21 Bandabschnitten, jeweils 7 cm lang, aus goldenem Glamourband bestecken. Die einzelnen Bandabschnitte zuerst in der Mitte feststecken, dann zu einem Dreieck falten und die linke und rechte Ecke mit Stecknadeln fixieren. Die Bandkanten, die auf der Mittellinie liegen, schräg nach außen biegen und die Ecken nochmals feststecken.

❷ Um den äußeren Rand des Medaillons die Blütenblätter anbringen: Zuerst acht Abschnitte, je 10 cm lang, des Pasadouble-Bandes zur Mitte falten, so daß die goldene Seite innen ist. Dann die Ecken vorne übereinanderlegen und das gefaltete Band am Styropormedaillon feststecken. Ebenso mit dem goldenen, 6 cm breiten Glamourband arbeiten.

❸ Auf die Rückseite des Medaillons einen Bandabschnitt des breiten Glamourbandes stecken, um die noch sichtbare Styroporstelle abzudecken.

❹ Elefant-Riedstäbe mit Messingdraht umwickeln und auf dem Rebenring festbinden und zusätzlich mit einigen Heißklebetropfen fixieren. Die fertige Blüte festkleben. Am unteren Teil des Ringes eine Schleife aus dem Restband mit Messingdraht fixieren.

❺ Die beiden Glöckchen, die Christrosenblüten und die beiden Goldvögelchen anbringen. Tuja-, Tannenzweige und Perlen auf Messingdraht binden, bzw. auffädeln und locker um das Arrangement geschlungen fixieren.

- ◆ Goldtannen-
  zweig, dreifach
- ◆ 12 Goldperlen,
  8 mm ∅
- ◆ Messingdraht,
  Stärke 0,3 mm
- ◆ 2 Glocken
  „Luxor",
  7 cm hoch
- ◆ Goldvogel,
  7 cm groß
- ◆ Goldvogel,
  4,5 cm groß

Material

- Styroporfacette,
  15 cm,
  sechseckig
- Styroporfacette,
  20 cm,
  sechseckig
- 1,6 m Samtband
  in Zimt,
  4 cm breit
- 1,4 m Band
  „Bristol",
  gestreift,
  4 cm breit
- 2 m Band
  „Luxor" in Zimt,
  4 cm breit
- 30 Goldperlen,
  8 mm ⌀
- Stecknadeln in
  Platin, Messing
- Wandleuchter,
  dreiflammig
- 1/2 Trocken-
  steckwürfel
- Patenthaften
- Dekostrauß
  in Natur/Gold
- 2 Eustomia
  in Creme/Gold

Kerzenleuchter

❶ Die Styroporfacetten mit Bändern bestecken: An einer Spitze mit vier Bandabschnitten beginnen. Diese im Mittelpunkt feststecken, zu einem Dreieck zusammenlegen und an den Eckpunkten mit Stecknadeln fixieren.

❷ In den weiteren Reihen in derselben Technik bis zum anderen Ende fortfahren. Die Goldperlen mit Messingstecknadeln an den Bänderspitzen fixieren.

❸ Den Trockensteckwürfel auf den Kerzenleuchter kleben. Als zusätzliche Sicherung für den Halt des Steckwürfels an der Rückseite Patenthaften feststecken und mit etwas Heißkleber fixieren.

❹ Den floristischen Teil der Arbeit mit dem Feststecken der Tannenzweige und Blütenblätter beginnen, die durch das Fixieren schon die charakteristische, längliche Form des Gestecks bilden sollen. Anschließend die Blüten anbringen. Die kleineren Blüten sollten eher an der äußeren Seite festgesteckt werden. Zur Mitte hin die größeren Blüten anbringen. Dekoteile, wie Traubenpicks, Puttenengel und Schleife zuletzt anbringen, da sie die besonderen Blickpunkte bilden sollen.

❺ Die Artischockenfacetten auf eine Kordel kleben und an den Kerzenleuchter binden. Die Kerzen aufstecken.

◆ **Magnolie in Creme/Gold**
◆ **Rose in Creme/Gold**
◆ **Wildrose in Creme/Gold**
◆ **Tannenpick, 15-fach**
◆ **3 Beerenpicks in Perlmutt/Gold**
◆ **Puttenengel aus Terrakotta, 9 cm groß**
◆ **Dekokugel in Terra/Gold, 35 mm ⌀**
◆ **Dekokugel in Terra/Gold, 48 mm ⌀**
◆ **1 m Dekokette in Gold, 6 mm ⌀**
◆ **1,5 m Bristolband gestreift, 4 cm breit**
◆ **1,5 m Kordel in Gold, 5 mm ⌀**
◆ **Messingdraht, Stärke 0,3 mm**
◆ **3 Spitzkerzen**

Blütenstrauß

M a t e r i a l

◆ 2 Styropor-
   kugeln, 4 cm ∅

**Bänder für Blüten
in Gold**

◆ 0,6 m Band
   „Bristol",
   gestreift,
   4 cm breit
◆ 2 m Glamour-
   band in Gold,
   6 cm breit

**Bänder für Blüten
in Zimt**

◆ 0,6 m Samtband
   in Zimt,
   4 cm breit
◆ 1,2 m Band
   „Luxor" in Zimt,
   4 cm breit

◆ 30 Goldperlen,
   8 mm ∅
◆ Stecknadeln in
   Platin, Messing
◆ Eustomia-
   Blütenstiel
   ohne Blüten

❶ Die Styroporkugeln mit einem Tapetenmesser in der Mitte auseinanderschneiden. Jede Kugelhälfte mit vier Bandabschnitten bestecken.
Dabei zuerst die Mitte fixieren, dann die Enden zu einem Dreieck falten und die Eckpunkte auf die Unterseite der Kugelhälfte stecken.

❷ Acht Bandabschnitte für die Blütenblätter zuerst zu einem Dreieck falten, dann die Ecken übereinanderschlagen und jedes Blütenblatt mit zwei Nadeln auf der Unterseite der halben Styroporkugel fixieren.
Die freibleibende Styroporstelle mit einem Bandabschnitt abdecken. Goldperlen mit Messingnadeln um den Blütenrand feststecken.

❸ Die Artischockenblüten auf den Stiel der Eustomie kleben.

❹ Den Strauß binden: Das Elefantenohrblatt hinter den Artischockenblütenstiel legen, seitlich die Goldfedern und -beeren anordnen und im unteren Teil die betauten Blätter hinzufügen.

❺ Das Dekohorn auf Steckdraht drahten und ebenso wie die gebundene Schleife zwischen den Blättern feststecken.

❻ Die Stiele nun mit Bindedraht umwickeln, so daß der Strauß ein festes Gebinde ergibt. Zum Abdecken den gesamten Stiel mit Kreppwickelband umwickeln.

- ◆ Elefantenohr-
  blatt
- ◆ Philodendron-
  blatt
- ◆ Blatt, betaut,
  17 cm groß
- ◆ 2 Goldfedern
- ◆ 5 Beerenzweige
  in Gold
- ◆ Dekohorn
  „Luxor" in Gold,
  18 cm groß
- ◆ 1 m Gitterband,
  10 cm breit
- ◆ 1 m Band
  „Bristol",
  gestreift,
  4 cm breit
- ◆ Bindedraht,
  0,4 mm ⌀
- ◆ Steckdraht,
  1 mm ⌀
- ◆ Kreppwickelband
  in Grün

Bilderduo in Rost

Material
◆ Styroporrahmen,
  23,5 cm
  x 16,5 cm
◆ 1/2 Styropor-
  kegel,
  14 cm groß

*Bänder für den
linken Rahmen*
◆ 1,6 m Band
  „Bristol",
  gestreift,
  4 cm breit
◆ 4 m Samtband
  in Zimt,
  4 cm breit

❶ Beide Rahmen im ersten Arbeitsgang mit Band straff umwickeln. Auf die Rückseiten Cocomet-Papier kleben.

❷ Den Styroporkegel mit einem Tapetenmesser längs in zwei Hälften schneiden. Die Kegelhälften auf eine Länge von etwa 10 cm kürzen.

❸ Um den unteren Teil des Styroporkegels einen 15 cm langen Bandabschnitt fixieren, der das Styropor abdeckt.

❹ Die Ecken der gefalteten Dreiecke zur Mitte hin nochmals zusammenfalten und reihenweise feststecken. Zuletzt einen Bandabschnitt so anbringen, daß die Spitze des gefalteten Dreieckes nach oben zeigt und auf der Rückseite des Kegels festgesteckt wird.

❺ Zur Dekoration Goldperlen mit Messingnadeln zwischen die einzelnen Schuppen stecken. Die fertigen Bäumchen mit einigen Heißklebetropfen festkleben.

Bänder für den rechten Rahmen
◆ 4 m Band „Bristol", gestreift, 4 cm breit
◆ 1,6 m Samtband in Zimt, 4 cm breit

◆ 30 Goldperlen, 8 mm ∅
◆ Stecknadeln in Platin, Messing
◆ Holzring, 38 mm ∅
◆ Cocomet-Papier in Natur, 13 cm x 20 cm

Schachtel

Material

◆ **Styropor-
medaillon,
10 cm ⌀**

◆ **0,3 m Change-
band in Hellblau,
4 cm breit**

◆ **0,6 m Change-
band in Blau,
4 cm breit**

◆ **1,4 m Change-
band in Dunkel-
blau, 4 cm breit**

◆ **1 m Dekokordel
in Blau/Gold,
7 mm ⌀**

◆ **Stecknadeln**

◆ **Pappschachtel,
13 cm ⌀**

◆ **2 Poinsettiapicks
in Blau mit
Glimmer**

❶ Das Styropormedaillon mit den Abschnitten der blauen Bänder bestecken. Begonnen wird in der Mitte mit den vier hellblauen Bandabschnitten. Jeden Abschnitt zuerst in der oberen Mitte feststecken, dann die Enden zur Mitte hin zu einem Dreieck falten und die äußeren Ecken fixieren. Die zweite Reihe besteht aus acht blauen Bandabschnitten, die dritte Reihe aus acht dunkelblauen. Die Reihen so anordnen, daß die Spitzen einen Stern bilden.

❷ Auf der Rückseite einige Bandabschnitte über die sichtbaren Styporstellen spannen und seitlich fixieren. Um den Rand eine Kordel kleben.

❸ Die Dose mit dunkelblauem Band umwickeln. Das Band am Dosendeckel verknoten. Die Bandenden schräg anschneiden. Cannastäbe mit einem Stück Messingdraht bündeln und auf dem Dosendeckel festkleben. Das goldene Band aufkleben, die Enden ebenfalls schräg abschneiden.

❹ Beerenpicks, Tuja- und Goldtannenzweige mit der Heißklebepistole auf dem Dosendeckel fixieren. Zuletzt noch vorsichtig das Medaillon auf dem Arrangement anbringen.

◆ **2 Weihnachts-**
   beerenpicks
   in Gold
◆ **0,5 m Draht-**
   gitterband
   „Sinamay"
   in Gold,
   5 cm breit
◆ **Cannastab**
   in Blau,
   40 cm lang
◆ **Tujazweig**
   in Gold
◆ **Goldtannenzweig**
◆ **Messingdraht,**
   0,3 mm ⌀

Material

- ◆ Figurenkegel
  in Styropor,
  15 cm groß
- ◆ Stecknadeln
- ◆ Granitfarbe
  in Sand
- ◆ Pinsel

blauer König

- ◆ 0,6 m Glamour-
  band in Gold,
  4 cm breit
- ◆ 1,2 m Change-
  band in Dunkel-
  blau, 4 cm breit
- ◆ 0,5 m Schlingen-
  borte
  in Dunkelblau
- ◆ 6 Goldperlen,
  4 mm ⌀

roter König

- ◆ 1,4 m Glamour-
  band in Gold,
  4 cm breit
- ◆ 0,4 m Glamour-
  band in Gold,

Die Heiligen Drei Könige

❶ Die Köpfe der Figurenkegel gleichmäßig mit Granitfarbe bestreichen und gut trocknen lassen. Bei Bedarf ein zweites Mal streichen.

❷ Den unteren Teil des Styroporkegels in der Artischockentechnik gestalten. Um den unteren Rand ein Band straff feststecken, so daß man das Styropor nicht sehen kann. Danach die Gestaltung des Gewandes je nach Belieben vornehmen. Hübsch sieht es aus, wenn man eine gerade Reihe Artischockenschuppen anbringt und dann wie einen Mantel einige Rüschenreihen.

❸ Für die Arme ein 18 cm langes Stück Band nehmen, das an den Enden nach innen gestülpt wird. Das Band längsseits zusammenrollen und den Rand mit etwas Heißkleber verkleben. Die Arme auf dem Rücken unter einer Rüsche fixieren.

❹ Die Kronen aus 2,5 cm breitem Glamourband arbeiten. Acht Bandabschnitte, jeweils 5 cm lang, zu Dreiecken falten und gleichmäßig um den Kopf herum feststecken. Um den unteren Rand ein Stück Kordel oder ein Stück gedrehtes Changeband kleben. Der Turban besteht aus gedrehten Bandstücken, die auf dem Kopf drapiert werden.

❺ Schlingenbordüren oder Goldchenilledraht als Halskrause oder Knopfleiste anbringen. Goldperlen als Knöpfe auf der Schlingenbordüre festkleben.

2,5 cm breit
◆ 1,5 m Changeband in Rot, 4 cm breit
◆ Chenilledraht in Gold, 6 cm lang

grüner König
◆ 1,7 m Glamourband in Gold, 4 cm breit
◆ 0,4 m Glamourband in Gold, 2,5 cm breit
◆ 1 m Changeband in Dunkelgrün, 4 cm breit
◆ 6 cm Schlingenborte in Dunkelgrün
◆ 17 cm Kordel in Grün/Gold, 5 mm ⌀

Glocken

Material
- ◆ **2 Styropor-glocken, 9 cm hoch**
- ◆ **2,8 m Pasa-double-Band in Bordeaux/Gold, 5 cm breit**
- ◆ **2,9 m Glamour-band in Gold, 4 cm breit**
- ◆ **1,2 m Samtband in Bordeaux, 4 cm breit**
- ◆ **Stecknadeln in Platin und Messing**
- ◆ **28 Goldperlen, 4 mm ∅**
- ◆ **2 Engelanhänger**

❶ Zuerst den unteren Teil der Glocken gestalten: 7 cm lange Bandabschnitte der jeweiligen Farbe am äußeren Rand feststecken, straff nach innen stülpen. An der Innenseite mit Nadeln fixieren.

❷ Für eine Glocke, mit dem Pasa-double-Band am unteren Rand beginnend, immer vier Bandabschnitte, jeweils 12 cm lang, in einer Reihe feststecken. Zuerst die Mitte fixieren. Den Abschnitt zu einem Dreieck falten und die linke und rechte Ecke feststecken. Die Bandkanten, die auf der Mittellinie liegen, auf jeder Seite schräg nach außen legen. Die Ecken wiederum mit Nadeln fixieren. Weitere vier Abschnitte versetzt zwischen der ersten Reihe anbringen. In den weiteren Reihen die Bänder wenden, so daß bei einer keihe die goldene Seite oben ist in der nächsten die bordeauxfarbene.

❸ Wenn die Gocke bis obenhin gesteckt ist, auf der noch sichtbaren Styroporstelle das Band zum Auf-hängen anbringen. Zwei kleine, gebundene Schleifen zusätzlich an der Vorder- und Rückseite festkleben.

28

❹ Die zweite Glocke mit dem Samtband und dem Glamourband arbeiten. Die Bandabschnitte 7 cm lang zuschneiden und immer zu acht Teilen gleichmäßig rundum feststecken. Zuerst die Mitte fixieren, danach den Bandabschnitt zu einem Dreieck falten und die Ecken feststecken. Die Bänderfarbe nach jeder Reihe wechseln. Oben ein Band zum Aufhängen mit zwei gebundenen Schleifen befestigen.

❺ Die Engelchen an der Innenseite der Glocke anbringen: Den Faden, an dem die Engel hängen, mehrfach verknoten. Den Knoten dann mit der Scherenspitze in das Styropor drücken. Zusätzlich noch einen Tropfen Heißkleber anbringen.

Rebenwelle

- ◆ 1/2 Styroporkegel,
  20 cm groß
- ◆ 1/2 Styroporkegel,
  14 cm groß
- ◆ 2 m Band
  in Titan,
  4 cm breit
- ◆ 3,5 m Samtband
  in Grün,
  4 cm breit
- ◆ 30 Goldperlen,
  8 mm ∅
- ◆ Stecknadeln in
  Platin, Messing
- ◆ Rebenwelle,
  55 cm lang
- ◆ Rose in
  Creme/Gold
- ◆ Wildrose in
  Creme/Gold
- ◆ 3 Holzsterne
  in Weiß/Gold
- ◆ Beerenpick in
  Perlmutt/Gold
- ◆ 0,5 m Goldkordel,
  2 mm ∅
- ◆ Messingdraht,
  0,3 mm ∅

❶ Die Styroporkegel mit einem Tapetenmesser längs in zwei Teile schneiden. Jede Kegelhälfte nun mit dem jeweiligen Band bestecken. Um den unteren Teil des Styroporkegels einen 15 cm langen Bandabschnitt fixieren, um das Styropor abzudecken.

❷ Die Ecken der Dreiecke zur Mitte hin nochmals zusammenfalten und auf dem Styropor reihenweise feststecken. Zuletzt einen Bandabschnitt so anbringen, daß die Spitze des gefalteten Dreiecks nach oben zeigt und auf der Rückseite des Kegels festgesteckt wird.

❸ Zur Dekoration Goldperlen mit Messingnadeln zwischen die einzelnen Schuppen stecken. Die fertigen Bäumchen mit einigen Heißklebetropfen auf die Rebenwelle kleben.

❹ Nun noch einige Blätter, Blüten und Beerenpicks anbringen. Die Holzsternchen an der Rebenwelle festknoten.

Neben dieser Auswahl aus der Brunnen-Reihe haben wir noch viele andere Bücher im Programm. Wir informieren Sie gerne - fordern Sie einfach unsere neuen Prospekte an:

- **Bücher für Ihre Kinder:** Basteln, Spielen und Lernen mit Kindern
- **Bücher für Ihre Hobbys:** Stoff und Seidenmalerei, Malen und Zeichnen, Keramik, Floristik
- **Bücher zum textilen Handarbeiten:** Sticken, Häkeln und Patchwork

Wir sind für Sie da, wenn Sie Fragen zu AutorInnen, Anleitungen oder Materialien haben. Und wir interessieren uns für Ihre eigenen Ideen und Anregungen. Faxen, schreiben Sie oder rufen Sie uns an. Wir hören gerne von Ihnen! Ihr Christophorus-Verlag

CHRISTOPHORUS
Bücher mit Ideen

Hermann-Herder-Str. 4 / 79104 Freiburg i. Breisgau

Tel: 0761/2717-268 oder Fax: 0761/2717-35